AF388850

ALPHABET

pour instruire

LES

ENFANS.

AU MANS,

A LA LIBRAIRIE DE PIÉTÉ ET D'ÉDUCATION,

RUE DE LA PAILLE, 7.

Au Mans, Impr. de Belon et C.ie.

1836.

ALPHABET

DES

CHRÉTIENS.

LETTRES ROMAINES.

A a B b C c D d E e
F f G g H h I i J j
K k L l M m N n
O o P p Q q R r S s T t
U u V v X x Y y Z z ë ï ü
ff ﬂ ﬀ ﬃ ﬁ ﬄ ç æ œ.

LETTRES ITALIQUES.

A a b c d e f g h i j k l m n o p q r s t u v x y z ff ffl ffl ffl fi ffi sb fb æ œ ç as es is ij et â ê î ô û ë ï ü.

LETTRES CAPITALES.

A B C D E F G H I J K L M N O P Q R S T U V X Y Z Æ OE W.

† § ¶ . , ; : ! ? (') - »

SYLLABES,

Ba	be	bi	bo	bu
Ca	ce	ci	co	cu
Da	de	di	do	du
Fa	fe	fi	fo	fu
Ga	ge	gi	go	gu
Ha	he	hi	ho	hu
Ja	je	ji	jo	ju
La	le	li	lo	lu
Ma	me	mi	mo	mu
Na	ne	ni	no	nu

Pa	pe	pi	po	pu
Qva	Que	Qui	Quo	Quu
Ra	re	ri	ro	ru
Sa	se	si	so	su
Ta	te	ti	to	tu
Va	ve	vi	vo	vu
Xa	xe	xi	xo	xu
Za	ze	zi	zo	zu
Bla	ble	bli	blo	blu
Bra	bre	bri	bro	bru
Cla	cle	cli	clo	clu

No tre pè re, qui ê tes dans les cieux: que vo tre nom soit sanc ti fi é: que vo- tre rè gne ar ri ve : que vo tre vo lon té soit fai te en la ter- re com me au ciel; Don nez-nous au- jour d'hui no tre

pain quo ti dien, et
nous par don nez
nos of fen ses com-
me nous par don-
nons à ceux qui
nous ont of fen sés;
et ne nous lais sez
point suc com ber
à la tentation:mais
dé li vrez-nous du
mal. Ain si soit-il.

La Salutation angelique.

Je vous sa lue, Marie, plei ne de grâce le Sei gneur est a vec vous ; vous êtes bénie en tre toutes les fem mes , et Jé sus , le fruit de vos en trail les est bé ni. Sain te Marie, mè re de Dieu, pri ez pour nous, pau vres pécheurs main te nant et à l'heu re de no tre mort. Ain si soit-il

Le Symbole des Apôtres.

Je crois en Dieu le père tout-puissant, créa teur du ciel et de la ter re : et en Jé sus Christ son

fils u ni que, no tre
Sei gneur : qui a é-
té con çu du St-Es-
prit , qui est né de
la Vier ge Ma rie :
qui a souf fert sous
Pon ce-Pila te a été,
cru ci fié , est mort
et a été en se ve li, est
des cen du aux en-
fers le troi si è me

jour est res sus ci té des morts: est mon-té aux cieux est as-sis à la droi te de Dieu le pè re tout-puis sant : d'où il vien dra ju ger les vivans et les morts.

Je crois au St-Es-prit, la Sainte É gli-se Ca tho li que , la

Com mu nion des saints, la rémis si-
on des pé chés; la ré sur rec ti on de
la chair, la vie éter-
nel le. Ain si soit-il.

Prière avant le repas.

QUE no tre Sei-
gneur Jésus-Christ
don ne, s'il lui plaît
à nous et aux cho-

ses que nous allons prendre pour notre nourriture, sa sainte bénédiction. Au nom du Père, et du Fils, et du St-Esprit. Ainsi s.

Grâces après le repas.

Nous vous rendons grâces de tous vos bienfaits, ô Dieu

Tout Puissant! qui vi vez et ré gnez aux siè cles des siè cles. Bé nis sons le Sei gneur. Ren dons grâces à Dieu.

Et bien heu reu ses sont les entrail les de la sain te Vier ge Ma rie qui ont por té le fils du père éter nel. A.

Et bien heu reu-
ses sont les mamel-
les qui ont al lai té
no tre Seig neur
J.-C. Ain si soit-il.

Lou an ge à Dieu
paix aux vi vans, re
pos aux morts; et
vous, S., ay ez pi tié
de nous, grâ ce soit

ren due à Dieu.

Quand on lève le Saint-Sacrement.

O vic ti me du sa-lut ! qui nous ou-vrez le Ciel, l'enne-mi nous li vre de ru des com bats , for ti fiez-nous con-tre ses at ta ques. A.

FIN.